INSTRUCTION MINISTÉRIELLE

DU 29 SEPTEMBRE 1888

RELATIVE AU

COMMANDEMENT ET A L'ADMINISTRATION

DES

DÉTACHEMENTS D'OUVRIERS MILITAIRES D'ADMINISTRATION

ET D'INFIRMIERS MILITAIRES

AUX ARMÉES EN CAMPAGNE

PARIS

HENRI CHARLES-LAVAUZELLE

Éditeur militaire

10, Rue Danton, Boulevard Saint-Germain, 118

(MÊME MAISON A LIMOGES)

INSTRUCTION MINISTÉRIELLE

DU 29 SEPTEMBRE 1888

RELATIVE AU

COMMANDEMENT ET A L'ADMINISTRATION

DES

DÉTACHEMENTS D'OUVRIERS MILITAIRES D'ADMINISTRATION

ET D'INFIRMIERS MILITAIRES

AUX ARMÉES EN CAMPAGNE

PARIS

HENRI CHARLES-LAVAUZELLE

Éditeur militaire

10, Rue Danton, Boulevard Saint-Germain, 118

—

(MÊME MAISON A LIMOGES)

Commandement et administration des sections de commis et ouvriers d'administration et d'infirmiers militaires en campagne.

N° 1. *Instruction ministérielle relative au commandement et à l'administration des détachements d'ouvriers militaires d'administration et d'infirmiers militaires aux armées en campagne.* (D. Serv. adm. ; Solde, Revues et Indemnité de route.)

Paris, le 29 septembre 1888.

CHAPITRE Ier.

COMMANDEMENT.

SECTION Ire.

COMMIS ET OUVRIERS MILITAIRES D'ADMINISTRATION.

Détachement principal dans un corps d'armée mobilisé.

Art. 1er. Les commis et ouvriers militaires d'administration, qui assurent les services de l'intendance dans les diverses formations d'un corps d'armée mobile, forment un seul détachement de la section (active ou territoriale) d'où ces militaires sont tirés. Ce détachement prend le nom de *détachement principal*.

Si, au moment de la mobilisation, plusieurs sections concourent à ces formations, la section dont le numéro est le plus faible reçoit les hommes provenant des autres sections. Le versement est définitif; il s'effectue au jour fixé et dans les conditions prescrites par les instructions sur la mobilisation.

Le commandement du détachement principal est exercé par un officier désigné à cet effet aux tableaux d'effectifs de guerre et, à défaut, par l'officier d'administration des subsistances militaires, que désigne le général commandant le corps, sur la proposition de l'intendant du corps d'armée.

Le détachement principal d'un corps d'armée est placé sous l'autorité supérieure du sous-intendant militaire du quartier général et de l'intendant du corps d'armée.

Détachement principal des étapes d'une armée.

Art. 2. Les commis et ouvriers militaires d'administration qui assurent les services de l'intendance dans les diverses formations qui fonctionnent dans la zone des étapes, forment un seul détachement principal rattaché à celle des sections qui les ont fournis dont le numéro est le plus faible. Ce détachement principal est distinct de celui du corps d'armée portant le même numéro. Il porte le nom de détachement principal *bis* de telle section.

Les militaires des autres sections y sont versés définitivement au jour fixé et dans les conditions prescrites par les instructions sur la mobilisation.

Le commandement de ce détachement principal est exercé par l'officier désigné à cet effet aux tableaux d'effectifs de guerre et, à défaut, par l'officier d'administration des subsistances militaires attaché à la direction des étapes.

Le détachement principal des étapes est placé sous l'autorité supérieure du fonctionnaire chef du service de l'intendance des étapes et de l'intendant de l'armée.

Détachement principal d'un commandement territorial particulier.

Art. 3. Lorsqu'un commandement territorial particulier est créé en pays ennemi, les commis et ouvriers militaires d'administration employés dans les diverses places de ce commandement forment un seul détachement principal au titre de la section qu'assigne le Ministre de la guerre ou, à son défaut, le général commandant en chef les armées, l'armée ou le corps d'armée.

Les militaires des autres sections y sont versés définitivement au jour et dans les conditions que prescrivent des ordres spéciaux. Ces ordres désignent, en outre, l'officier chargé du commandement du détachement principal, ainsi que le fonctionnaire de l'intendance investi de l'autorité supérieure.

Des détachements particuliers

Art. 4. Les fractions des détachements principaux réparties, pour l'exécution du service, dans les diverses formations du corps d'armée, dans les formations ou places de la zone d'étapes, ainsi que dans les places d'un commandement territorial particulier, prennent le nom de *détachements particuliers*.

Ces détachements sont commandés par le comptable du service qui les emploie, mais ils n'ont pas une administration distincte. Les prestations dues aux hommes sont allouées et régularisées comme il est dit aux articles 8 et 13 ci-après.

Les commandants des détachements particuliers sont en rapport avec le commandant du détachement principal correspondant, et celui-ci *seul* avec le dépôt du corps à l'intérieur.

Chaque détachement particulier est placé sous l'autorité supérieure du fonctionnaire de l'intendance militaire ayant la surveillance administrative du service auquel ce détachement est affecté.

Dispositions spéciales à certaines formations.

Art. 5 (1). Les ouvriers militaires d'administration affectés au quartier général d'une armée constituent un détachement particulier rattaché au détachement principal du corps d'armée qui les a mobilisés. Si ce dernier corps d'armée ne fait plus partie de l'armée, le détachement du quartier général forme un détachement

---

(1) Modifié par note du 10 mars 1899, *B. O.*, p. 159.

principal distinct au titre de la section d'origine, ou bien, selon les ordres du général en chef, est versé dans un autre détachement principal.

Les ouvriers militaires d'administration affectés à une division de cavalerie indépendante ou à une division d'infanterie de réserve (que cette dernière division soit isolée ou appelée à entrer dans la composition d'un groupe de divisions) constituent un détachement principal indépendant au titre de la section d'origine. Si, au moment de la mobilisation, plusieurs sections concourent à cette formation, la section qui fournit l'effectif le plus élevé reçoit les hommes des autres sections ; le versement s'effectue au jour fixé et dans les conditions prescrites par les instructions sur la mobilisation. Afin d'être distingués des détachements principaux de corps d'armée ou d'étapes portant le même numéro, les détachements principaux de division de cavalerie indépendante ou de division d'infanterie de réserve ajoutent à leur dénomination la désignation de la division où ils servent.

Le commandement du détachement principal d'une division de réserve est, en principe, exercé par l'officier d'administration (cadre actif) comptable du convoi administratif. A son défaut il est confié à un officier d'administration du service des subsistances que désigne le général commandant la division, sur la proposition du fonctionnaire de l'intendance chargé des services administratifs de cette division, sous l'autorité supérieure duquel est placé le détachement.

La boulangerie de campagne étant susceptible d'être employée, tantôt dans la zone des étapes, tantôt dans la zone de son corps d'armée, le détachement particulier de cette formation est rattaché au détachement principal du corps d'armée dont elle porte le numéro.

Renforts tirés d'autres sections.

Art. 6. Si, au cours des opérations, un détachement principal reçoit des renforts tirés d'autres sections de l'intérieur ou d'autres détachements principaux d'armées, ces renforts sont, ou versés définitivement, ou mis en subsistance dans le détachement principal, selon les ordres spéciaux donnés par le Ministre de la guerre ou le général commandant en chef l'armée ou le corps d'armée.

SECTION II.

INFIRMIERS MILITAIRES.

Application des mêmes principes aux détachements d'infirmiers militaires.

Art. 7 (1). Des détachements principaux et particuliers d'infir-

---

(1) Modifié par note du 10 mars 1899, *B. O.*, p. 159.

miers militaires assurant le service de santé dans les diverses formations d'armée, de corps d'armée, d'étapes, de division de cavalerie indépendante, de division d'infanterie de réserve ou dans les commandements territoriaux particuliers, sont formés d'après les principes résultant des prescriptions des articles 1 à 6 qui précèdent.

Le commandement des détachements est exercé par des officiers d'administration du service des hôpitaux militaires.

Ces officiers sont désignés et l'autorité supérieure des détachements est exercée en tenant compte des dispositions prescrites par le décret du 25 novembre 1889 sur le service de santé à l'intérieur (1) et par le décret du 31 octobre 1892 sur le service de santé en campagne (2).

En ce qui concerne le détachement principal d'une division d'infanterie de réserve, l'officier commandant doit être choisi parmi l'un des deux officiers d'administration du cadre actif affectés à l'ambulance divisionnaire.

Chaque hôpital de campagne, qu'il fonctionne dans la zone de son corps d'armée ou dans celle des étapes, forme un détachement particulier rattaché au détachement principal du corps d'armée dont il fait partie.

CHAPITRE II.

ADMINISTRATION.

Feuille de présence de quinzaine.

Art. 8. Dans chacun des détachements particuliers visés à l'article 4, le comptable ouvre par quinzaine une feuille de présence des hommes composant le détachement ou de ceux qui y sont placés en subsistance. Cette feuille (modèle n° 1) relate sommairement les mutations, l'effectif journalier et le nombre de journées de présence dans la quinzaine, décomposées par grade.

La feuille de présence mentionne également le nombre de rations de vivres pour lequel des bons ont été établis ou des reçus de prestations délivrés.

La feuille de présence contient, enfin, le décompte des prestations dues au titre de la solde pour la quinzaine échue. Elle est certifiée, décomptée et arrêtée par le commandant du détachement particulier.

Les mutations sont justifiées par les pièces ordinaires (*ordres de route, billets d'hôpital, ordres de mise en subsistance ou de cessation de subsistance, etc.*). Lorsque, par suite des circonstances de la campagne, certaines pièces de mutations n'ont pu être produites, une déclaration du comptable commandant le détachement particulier en certifie les causes.

---

(1) Articles 13, 155, 158, 162 et notice 12.
(2) Articles 11, 13, 17, 18, 19, 26 et 28.

Les feuilles de quinzaine (modèle n° 1) sont imprimées par les soins du quartier général de l'armée (sous-intendant militaire sous l'autorité duquel sont placés les détachements principaux) et aux frais du budget de la guerre (*Administration centrale; Service intérieur*), qui remboursera le montant des dépenses aux intéressés sur la production des justifications nécessaires (factures, etc.).

Payement de la solde.

Art. 9. Le commandant du détachement particulier paye la solde à terme échu au moyen des fonds d'avances dont il dispose, en tant que comptable d'un service régi par économie.

A cet effet, il inscrit la dépense correspondante dans un chapitre particulier ouvert à la gauche de son registre-journal des recettes et dépenses de l'exploitation.

Dans le cas où le commandant d'un détachement particulier n'aurait pas de fonds d'avances dans les conditions ci-dessus indiquées, le commandant de détachement principal lui ferait, une fois pour toutes, une avance fixe correspondante à la dépense d'une quinzaine.

Remboursement aux commandants des détachements particuliers.

Art. 10. Aussitôt après le paiement de la solde de quinzaine, chaque commandant d'un détachement particulier envoie au commandant du détachement principal une expédition de la feuille de présence de quinzaine et les pièces à l'appui.

Le commandant du détachement principal vérifie les nombres de journées et les décomptes résultant des mutations, rectifie d'office, s'il y a lieu, et arrête à nouveau le décompte de la feuille de quinzaine. Il établit les états de solde dans la forme ordinaire pour l'ensemble des divers détachements particuliers et pour la quinzaine échue d'après les décomptes des diverses feuilles de présence.

Après ordonnancement par le sous-intendant militaire et perception au Trésor, le commandant du détachement principal rembourse directement, ou par voie de mandat sur le Trésor, les commandants de détachements particuliers, en remettant à chacun d'eux une somme exactement égale au montant arrêté ou rectifié de la feuille de présence.

Le commandant du détachement particulier inscrit la recette au chapitre spécial de son journal, mentionné à l'article précédent.

Dans le cas où la situation de la caisse du commandant d'un détachement principal ne permettrait pas à ce dernier de faire à certains commandants de détachements particuliers l'avance de fonds prescrite par le dernier alinéa de l'article 9, le commandant du détachement principal percevrait la solde et ses accessoires par quinzaine et à l'avance, ainsi qu'il est prévu à l'article 301 du règlement du 8 juin 1883.

Vivres et effets ou objets d'habillement ou de campement.

Art. 11. Le commandant de chaque détachement particulier établit et signe les bons de vivres ou les reçus de prestations; il veille à la perception, à la répartition et à l'emploi des vivres distribués. Les bons sont établis au titre du corps administrateur, et mentionnent le détachement particulier auquel ils s'appliquent. Ils sont enregistrés sommairement sur la feuille de présence, comme il est dit à l'article 8.

Les effets du service de l'habillement et du campement nécessaires aux hommes d'un détachement sont, autant que possible, demandés et délivrés par les soins du commandant du détachement principal. Lorsque les distances s'y opposent, le commandant du détachement particulier établit, au titre du corps administrateur, un bon numérique d'effets qui, après visa du sous-intendant, est perçu, selon le cas, à un magasin de corps assigné ou à un magasin administratif. Le commandant du détachement principal est informé par le compte rendu nominatif annexé à la feuille de présence de quinzaine.

Ecritures à tenir par le commandant du détachement principal.

Art. 12. Le commandant du détachement principal tient les écritures et adresse au dépôt du corps à l'intérieur les documents dont la production est prescrite par les règlements sur l'administration des corps en campagne.

Le sous-intendant militaire chargé de la surveillance administrative du détachement principal reçoit du commandant de ce détachement les mutations en bloc à l'expiration de chaque quinzaine, et les transmet à son collègue chargé de la surveillance administrative du dépôt.

Les feuilles de présence, après inscription au carnet de comptabilité, sont envoyées successivement au dépôt avec les pièces de mutations; elles tiennent lieu de situations journalières.

Dispositions spéciales aux isolés des sections employés
dans les quartiers généraux.

Art. 13. Les isolés des sections employés dans les quartiers généraux sont mis en subsistance dans le corps chargé de l'administration des divers isolés des quartiers généraux, conformément aux instructions spéciales sur la matière.

Ils cessent, dès lors, de compter, pour les prestations en deniers ou en nature, au détachement principal dont ils faisaient partie. Mais ils continuent à figurer, pour ordre, au contrôle général de ce détachement, dont ils relèvent pour les questions relatives au commandement et notamment à l'avancement.

Fait à Paris, le 29 septembre 1888.

Le Ministre de la guerre,
Signé : C. DE FREYCINET.

^e ARMÉE.

⸱ CORPS D'ARMÉE

^e DIVISION.

Modèle N° 1.

Art. 8 de l'Instruction
du 29 septembre 1888.

^e SECTION (1)   d (2)

Désignation du détachement principal.	DÉTACHEMENT PRINCIPAL (3)
Désignation du détachement particulier (4).	
Nom ou qualité de l'officier commandant.	

FEUILLE DE PRÉSENCE DU DÉTACHEMENT

pour la ^e *quinzaine du mois*

(1) Active ou territoriale.
(2) Commis et ouvriers militaires d'administration ou infirmiers militaires.
(3) Du ^e corps d'armée ou des étapes de la ^e armée.
(4) Convoi administratif de... *ou* Convoi auxiliaire de... *ou* Ambulance de... *ou* ^e hôpital de campagne... *ou* Commandement d'étapes de... *ou* Station tête d'étapes de guerre de...

DATES.	MUTATIONS SOMMAIRES.	JOURNÉES DE PRÉSENCE.								HAUTES PAYES.					NOMBRE DE RATIONS DE VIVRES comprises sur les bons de distribution ou reçus de prestations. (Pour mémoire.)	OBSERVATIONS.
		ADJUDANTS.	SERGENTS ou sergents fourriers rengagés.	SERGENTS ou fourriers non rengagés.	CAPORAUX fourriers.	CAPORAUX.	CLAIRONS.	SOLDATS.	EFFECTIF journalier.	A	A	A	A	A		
1er ou 16..																
2 ou 17...																
3 ou 18...																
4 ou 19...																
5 ou 20...																
6 ou 21...																
7 ou 22..																
8 ou 23...																
9 ou 24..																
10 ou 25...																
11 ou 26...																
12 ou 27...																
13 ou 28...																
14 ou 29...																
15 ou 30...																
31........																
Totaux des journées de présence.................																
Journées de rappel (1)....																
Totaux généraux........																

Certifié la présente feuille de présence par nous (2) commandant le détachement particulier.

A   , le   189 .

(1) A justifier dans la colonne d'observations.
(2) Nom et grade.

DÉCOMPTE DU PRÊT DE LA QUINZAINE ECHUE.

	JOURNEES	TARIF.	DÉCOMPTE
Journées de... { Adjudant.................. Sergent rengagé............ Sergent non rengagé....... Caporal fourrier.......... Caporal.................. Clairon.................. Soldat..................			

HAUTES PAYES DE

	SOUS-OFFICIERS.						CAPORAUX.		SOLDATS.	
	à	à	à	à	à	à	à	à	à	à
Nombre de journées										
Décompte partiel..										

Décompte total des hautes payes, ci......

Décompte total du prêt ....

ARRÊTÉ le présent décompte à la somme de

A , le 189 .

Vu :

Le Sous-Intendant militaire chargé de la surveillance administrative du détachement particulier,

Vu :

Le Sous-Intendant militaire chargé de la surveillance administrative du détachement principal,

Après vérification et rectification d'office, le commandant du détachement principal arrête le décompte de la présente feuille à la somme de

A , le , 189 .

Le Commandant du détachement principal,

MODÈLE N° 2.

—

Instruction
du 29 septembre 1888.

ETAT des effets ou objets d'habillement distribués pendant la   ° quinzaine du mois d   (1).

NUMÉROS ma-tricules.	NOMS.	GRADES.	DÉSIGNATION DES EFFETS OU OBJETS distribués pendant la quinzaine écoulée.	DATE de la distri-bution.	CORPS OU MAGASIN dis-tributeur.

A   , le   189 .

Le Commandant du détachement particulier

(1) A annexer, s'il y a lieu, à la feuille de présence de quinzaine

Paris et Limoges. — Imprimerie militaire Henri CHARLES-LAVAUZELLE.

Librairie militaire Henri CHARLES-LAVAUZELLE
Paris et Limoges.

Organisation de l'armée :
1re Partie. *Organisation générale.* Division militaire du territoire. Places
fortes, Défense des côtes. Etat-major général. Service d'état-major. Archi-
vistes des bureaux d'état-major. (A jour au 15 février 1898.) 288 pages,
broché, *franco*, 2 fr. 25; relié toile, *franco*...................... 3 25
2e Partie. *Cadres et effectifs.* Dispositions générales. Troupes (armée active).
Dispositions générales et dispositions particulières à chaque arme. Armée
territoriale. Armée coloniale. (A jour au 1er mai 1900.) 372 pages, broché,
franco, 2 fr. 50; relié toile, *franco*............................... 3 50
3e Partie. Administration de l'armée. Etablissements et services spéciaux
destinés à assurer la défense du pays. Corps du contrôle de l'administration de l'armée. Etat-major particulier de l'artillerie. Etat-major particulier du génie. Service de l'intendance militaire. Service de santé. Service
religieux. Vétérinaires militaires. Interprètes militaires. Recrutement et
mobilisation. Affaires indigènes en Algérie et en Tunisie. Gendarmerie.
Garde républicaine, etc. (A jour au 25 septembre 1898.) 356 pages, broché,
franco, 3 francs; relié toile, *franco*.... .... 4 »

Personnel civil d'exploitation des établissements militaires. Dispositions relatives aux **conditions du travail dans les marchés passés
au nom de l'Etat.** Edition à jour des textes en vigueur jusqu'au 19 mars
1900. 212 pages, broché *franco*, 1 fr. 75; relié toile, *franco*.......... 2 50

Service des poudres et salpétres, personnel et matériel (à jour au 15
mai 1898). 264 pages, *franco*, 2 fr. ; relié toile, *franco*.............. 3 »

Lois, Décrets, Instructions et Circulaires sur le recrutement de
l'armée (à jour au 1er janvier 1900). 578 pages, broché, *franco*, 4 fr. 50 ;
relié toile, *franco*... 5 50

Instruction du 13 mars 1894 sur l'aptitude physique au service
militaire (à jour au 1er janvier 1900). 76 pages, broché, *franco*, 0 fr. 75 ;
relié toile, *franco*.. 1 25

1° Remonte générale à l'intérieur ; 2° remonte des officiers (à jour au
1er novembre 1899). 240 pages, broché, *franco*, 1 fr. 90 ; relié toile,
franco... 2 90

Réquisitions (à jour au 1er août 1899). 96 pages, broché, *franco*, 0 fr. 75,
relié toile, *franco*... 1 25

Instruction du 28 décembre 1895 sur l'administration des hommes
des différentes catégories de réserve dans leurs foyers. — **Troupe.**
338 pages, broché, *franco*, 2 fr. 50; relié toile, *franco*.............. 3 50

Officiers de réserve et officiers de l'armée territoriale et assimilés.
Recrutement, répartition, administration, inspection, avancement, état
des officiers, dispositions générales et dispositions spéciales à chaque
arme ou service, avec annexe (officiers de réserve des troupes de la ma-
rine) et modèles. (Edition à jour des textes en vigueur jusqu'au 15 mars
1900.) — 310 pages, broché, *franco*, 2 fr. 50; relié toile *franco*...... 3 50

Sapeurs-pompiers de la ville de Paris. Masse individuelle, tarifs de solde,
description des uniformes (à jour au 15 octobre 1896). 92 pages, broché,
franco, 0 fr. 75 ; relié toile, *franco*.............................. 1 25

Instruction sur le service courant (à jour au 12 avril 1899.) 552 pages,
broché, *franco*, 3 fr. 50; relié toile, *franco*........................ 4 50

Décrets du 20 octobre 1892 portant règlement sur le service intérieur:
Infanterie, Cavalerie, Artillerie et Train des équipages (à jour au
15 janvier 1897).
Texte. 756 pages, broché, *franco*, 5 fr. ; relié toile, *franco*.......... 6 50
Modèles. 124 pages, broché, *franco*, 1 fr. ; relié toile, *franco*........ 1 75

**Le catalogue général de la Librairie militaire est envoyé gra-
tuitement à toute personne qui en fait la demande à l'éditeur
Henri CHARLES-LAVAUZELLE.**

2.